Math in Focus

Matemáticas de Singapur de Marshall Cavendish

Libro del estudiante
Kindergarten Ⓑ
Parte 2

Autora
Dra. Pamela Sharpe

Asesores de Estados Unidos
Andy Clark y Patsy F. Kanter

Marshall Cavendish
Education

U.S. Distributor

Houghton
Mifflin
Harcourt

COMMON
CORE

© 2012 Marshall Cavendish International (Singapore) Private Limited
© 2014 Marshall Cavendish Education Pte Ltd

Published by Marshall Cavendish Education
Times Centre, 1 New Industrial Road, Singapore 536196
Customer Service Hotline: (65) 6213 9444
US Office Tel: (1-914) 332 8888 | Fax: (1-914) 332 8882
E-mail: tmesales@mceducation.com
Website: www.mceducation.com

Distributed by
Houghton Mifflin Harcourt
222 Berkeley Street
Boston, MA 02116
Tel: 617-351-5000
Website: www.hmheducation.com/mathinfocus

English Edition 2009
Spanish Edition 2012

Math in Focus® Kindergarten B Part 2
ISBN 978-0-547-58244-3

Printed in Singapore

10 11 12   1401   19 18 17
4500644466   A B C D E

Contenido

Lección 1 Comparar longitudes

Dibuja una cola larga.

Dibuja una cola corta.

Dibuja un objeto más largo.

1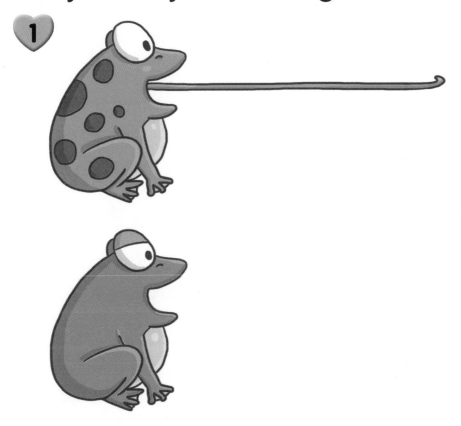

2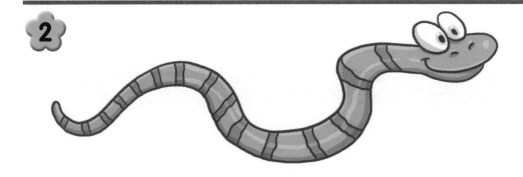

Dibuja un objeto más corto.

 1

2

Marca con una X la cometa con la cola más larga. Encierra en un círculo la cometa con la cola más corta.

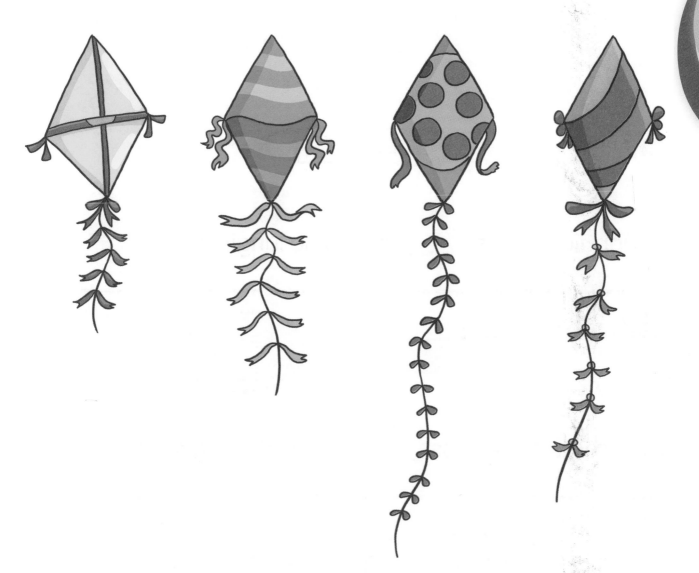

Lección 2 Comparar longitudes usando unidades no convencionales

Mide, cuenta y escribe.

 1

El lápiz tiene unos _____ cubos de longitud.

 2

La cuchara tiene unos _____ cubos de longitud.

 3

El cepillo de dientes tiene unos _____ cubos de longitud.

El peine tiene unos _____ cubos de longitud.

La pasta de dientes tiene unos _____ cubos de longitud.

El pincel tiene unos _____ cubos de longitud.

Cuenta y escribe.

La oruga tiene unos 3 ⌐ más de longitud que la hormiga.

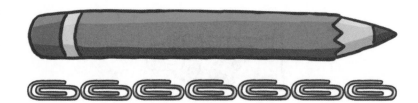

El lápiz tiene unos _____ ⌐ de longitud.

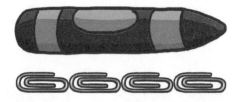

El crayón tiene unos _____ ⌐ de longitud.

El lápiz tiene unos _____ ⌐ más de longitud que el crayón.

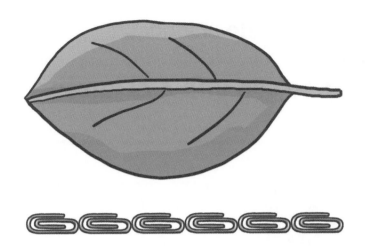

La hoja tiene unos _____ 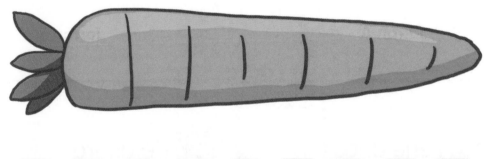 de longitud.

La zanahoria tiene unos _____ 🖇 de longitud.

La hoja tiene unos _____ 🖇 más de longitud
que la zanahoria.

Comparar alturas usando unidades
no convencionales

Cuenta y escribe. Marca con una X el jarrón más alto.

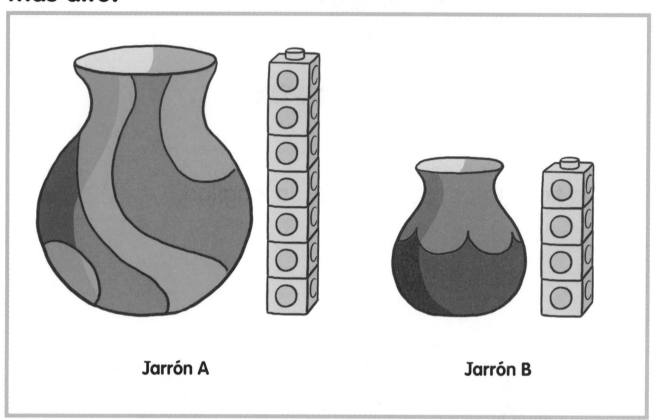

Jarrón A   Jarrón B

El Jarrón A tiene unos ☐ de altura.

El Jarrón B tiene unos ☐ de altura.

Cuenta y escribe. Encierra en un círculo la flor más baja.

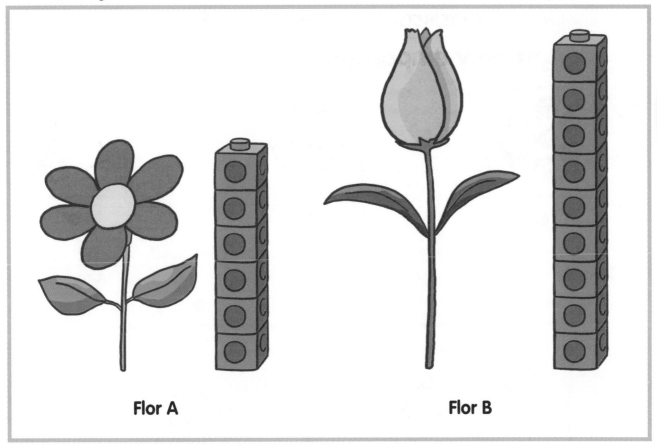

Flor A   Flor B

La Flor A tiene unos ⬜ 🟦 de altura.

La Flor B tiene unos ⬜ 🟦 de altura.

16 Clasificar y agrupar

Lección 1 Clasificar cosas según un atributo

Agrupa y empareja.

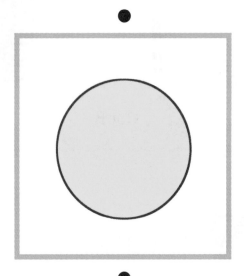 

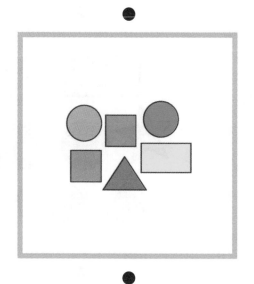
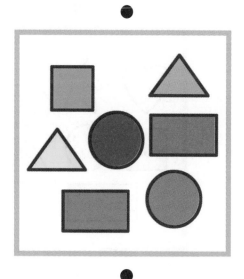

Agrupa y empareja.

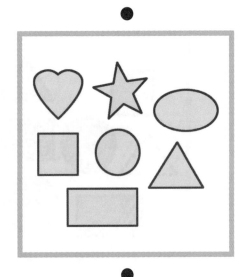 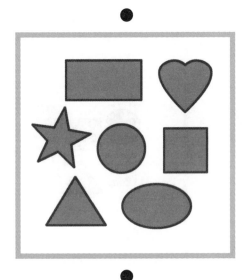

4

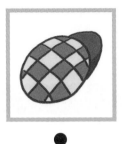

●

●

●

●　　　　　　　●

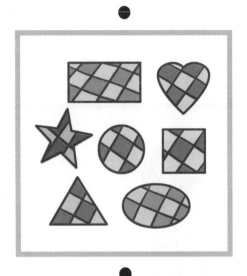

●　　　　　　　●

●　　　　　　　●　　　　　　　●

Marca con una X el ítem que no corresponde.

 1

 2

 3

 4

  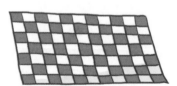

Empareja.

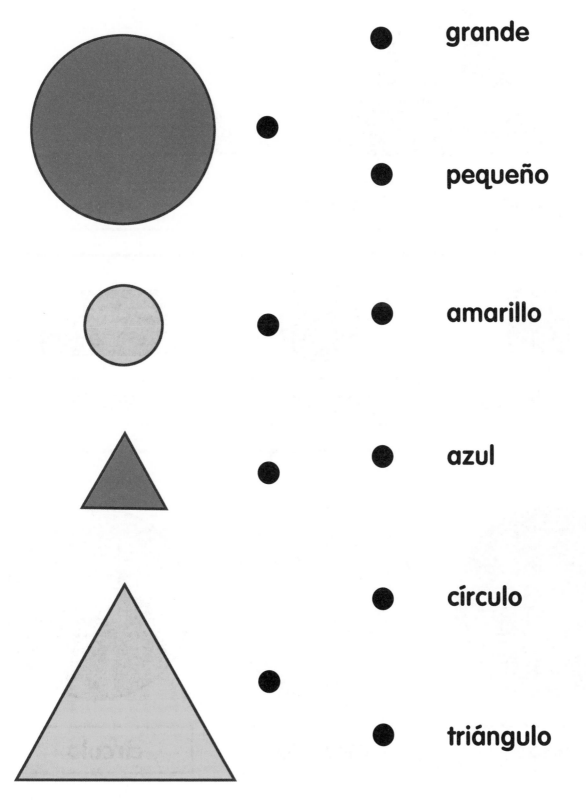

grande

pequeño

amarillo

azul

círculo

triángulo

Marca con una X el atributo común incorrecto.

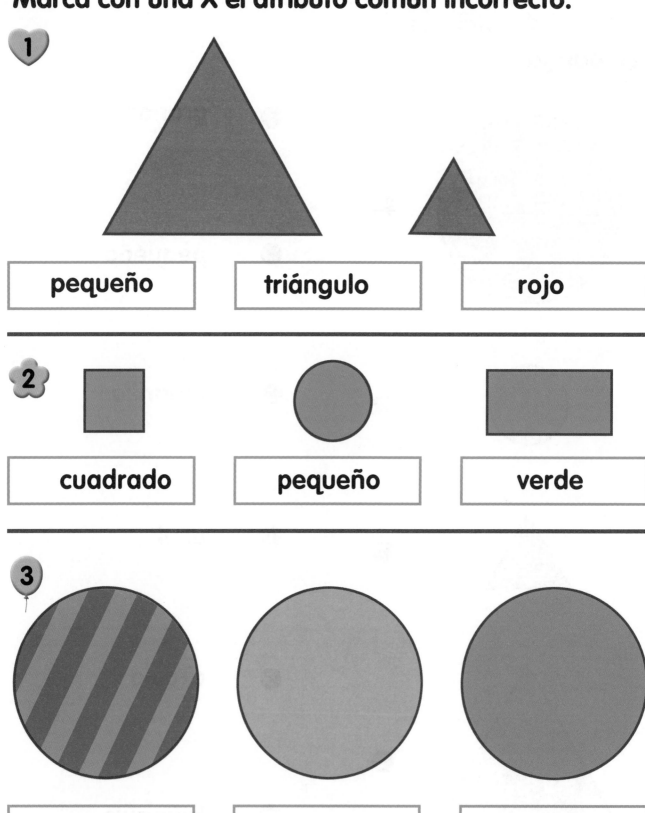

1

pequeño	triángulo	rojo

2

cuadrado	pequeño	verde

3

grande	morado	círculo

17 Problemas de suma

Lección 1 Escribir enunciados de suma y representar problemas de suma

Cuenta y escribe.

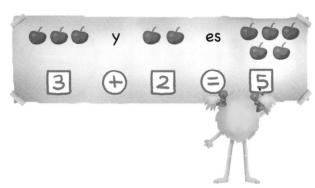

1  y  es

 4 $+$ 3 $=$

---

2 y  es

 2 $+$ $=$

Cuenta y escribe.

 3  y  es

  +  =

 4

 y  es

 5

 y  es

Cuenta y escribe.

$$2 \, \oplus \, 1 \, = \, 3$$

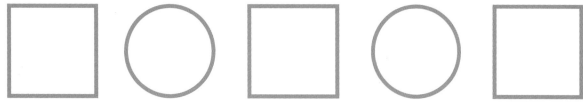

Cuenta y escribe.

 2

 3

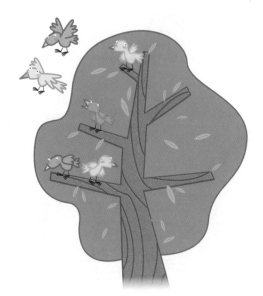

Completa los números que faltan.

1

0 y ☐ es 5.

2

1 y ☐ es 5.

3

2 y ☐ es 5.

4

3 y ⬚ es 5.

5

4 y ⬚ es 5.

6

5 y ⬚ es 5.

Lección 1 **Escribir enunciados de resta y representar problemas de resta**

Cuenta y escribe.

Hay 4 patos.   Se fueron 2 patos.   ¿Cuántos quedan?

4 ⊖ 2 ⊜ 2

1

Hay 5 plátanos.   Alguien se come 2 plátanos.   ¿Cuántos quedan?

  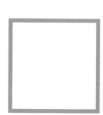

5 ⊖ 2 ⊜ ☐

2

Hay 7 velas.   Alguien quita 3 velas.   ¿Cuántas quedan?

3

  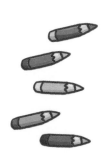

Hay 9 lápices.   Alguien se lleva 4 lápices.   ¿Cuántos quedan?

Cuenta y escribe.

2

3

Cuenta y escribe.

 4

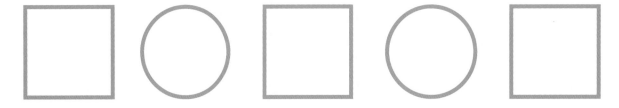

 5

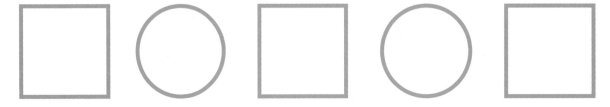

¿Cuántas más hay? Enciérralas en un círculo.
Escribe el enunciado numérico.

¿Cuántas 🍉 más hay? 2

5 ⊖ 3 ⊜ 2

1

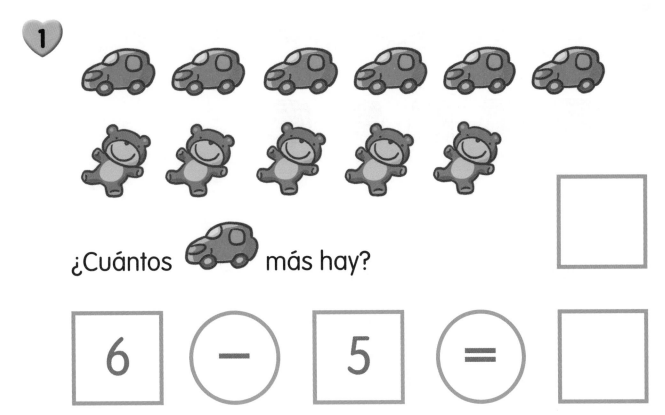

¿Cuántos 🚗 más hay?

6 ⊖ 5 ⊜ ☐

¿Cuántas más hay? Enciérralas en un círculo. Escribe el enunciado numérico.

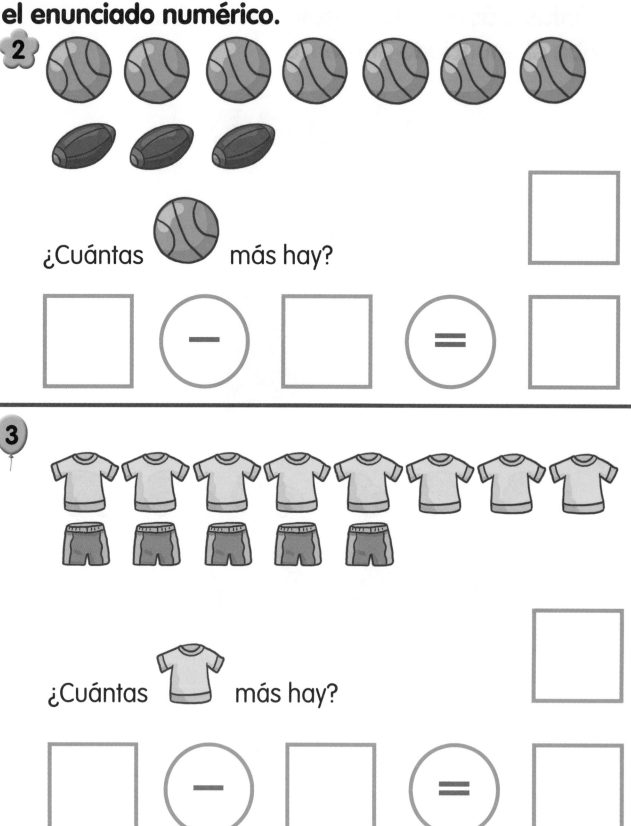

2 ¿Cuántas ⚫ más hay?

☐ ⊖ ☐ ⊜ ☐

3 ¿Cuántas 👕 más hay?

☐ ⊖ ☐ ⊜ ☐

4

¿Cuántos más hay?

5

¿Cuántos más hay?

¿Cuántos más hay? Escribe el enunciado numérico.

1

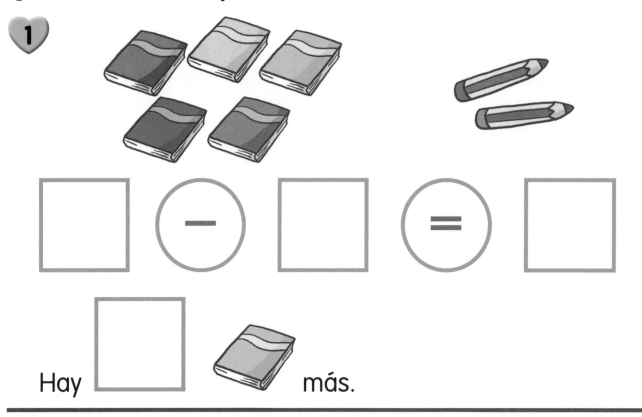

$\boxed{}$ $\bigominus$ $\boxed{}$ $\bigoplus$ $\boxed{}$

Hay $\boxed{}$ 📕 más.

2

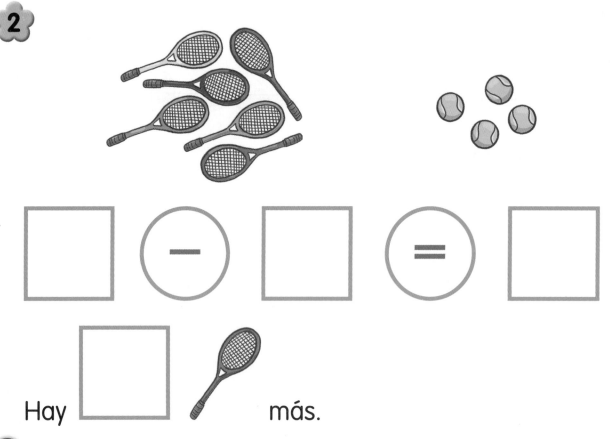

$\boxed{}$ $\bigominus$ $\boxed{}$ $\bigoplus$ $\boxed{}$

Hay $\boxed{}$ 🎾 más.

3

$$\boxed{} \; \bigcirc\!\!-\!\!\bigcirc \; \boxed{} \; \bigcirc\!\!=\!\!\bigcirc \; \boxed{}$$

Hay $\boxed{}$ 🍄 más.

4

$$\boxed{} \; \bigcirc\!\!-\!\!\bigcirc \; \boxed{} \; \bigcirc\!\!=\!\!\bigcirc \; \boxed{}$$

Hay $\boxed{}$ 🐠 más.

Empareja.

3 - 1 =	0
2 - 1 =	1
4 - 3 =	2
5 - 0 =	3
1 - 1 =	4
4 - 0 =	5

Completa el enunciado numérico.

1

$$5 - 4 = \underline{\qquad}$$

2

$$3 - 3 = \underline{\qquad}$$

3

$$4 - 2 = \underline{\qquad}$$

4

$$1 - 0 = \underline{\qquad}$$

19 Medición

Lección 1 Comparar medidas de peso usando unidades no convencionales

Encierra en un círculo la cosa más pesada.

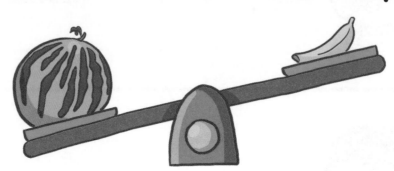

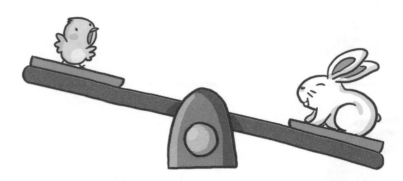

Encierra en un círculo la cosa más liviana.

 1

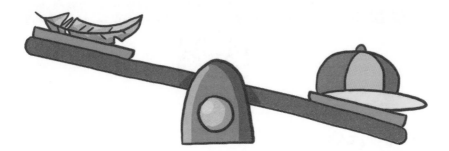

 2

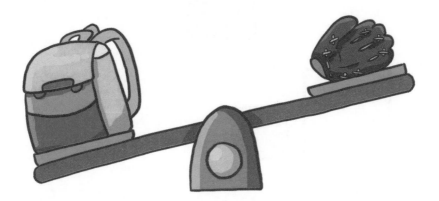

 3

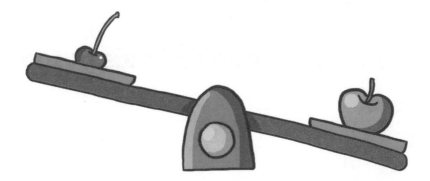

Cuenta y escribe.

El búho pesa [ ] 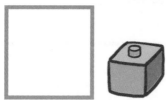.

El ratón pesa [ ] 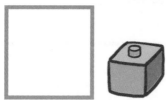.

Encierra en un círculo el animal más pesado.

Cuenta y escribe.

El oso de peluche pesa [ ]  .

La muñeca pesa [ ] .

Encierra en un círculo la cosa más liviana.

Encierra en un círculo la vasija que contiene más.

Encierra en un círculo la vasija que contiene menos.

Colorea las vasijas que contienen la misma cantidad.

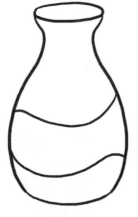  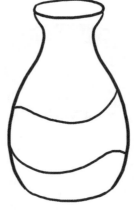

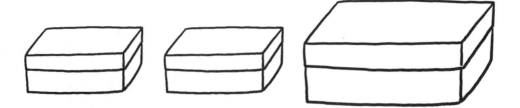

¿Qué actividad toma más tiempo? Enciérrala en un círculo.

¿Qué actividad toma menos tiempo? Enciérrala en un círculo.

 1

2

Lección 1 **El valor de cada moneda**

Empareja.

 •   • 5¢

 •   • 25¢

  •   • 1¢

 •   • 10¢

¿Cuántos *pennies* (monedas de un centavo) necesitas? Coloréalos.

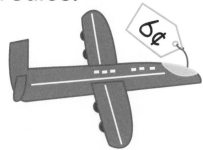

3

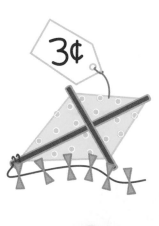 3¢

y

 5¢

4

 2¢

y

 4¢

y

 3¢

¿Cuánto se necesita? Encierra en un círculo la respuesta.

 1

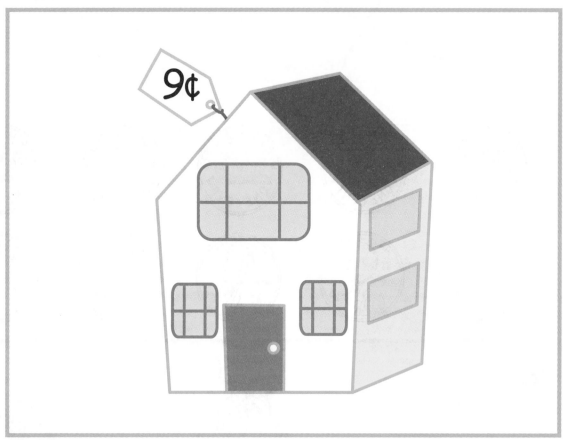

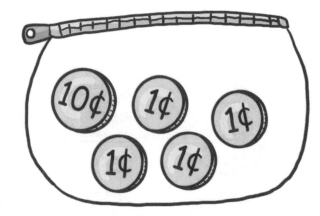

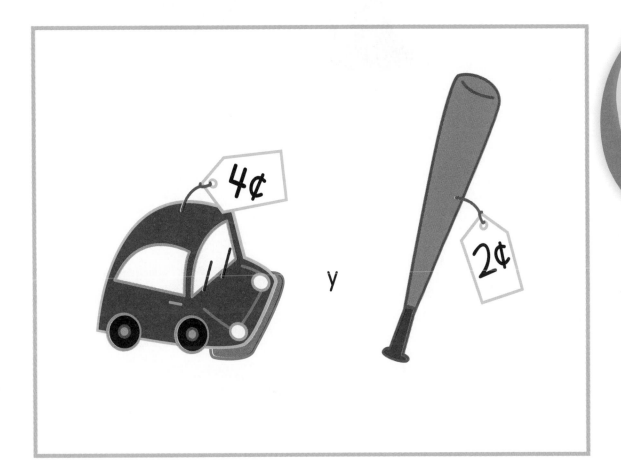

y

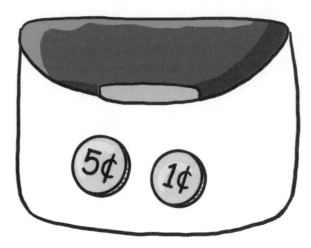